一 个 真 实 的 故 事

本作品由牛奶侦探于2023年以水墨形式在麻笺生宣上创作完成。
为还原画作细节，全书采用托裱工艺，多次校色，
最大程度保留了原稿的肌理感与纤维细节。

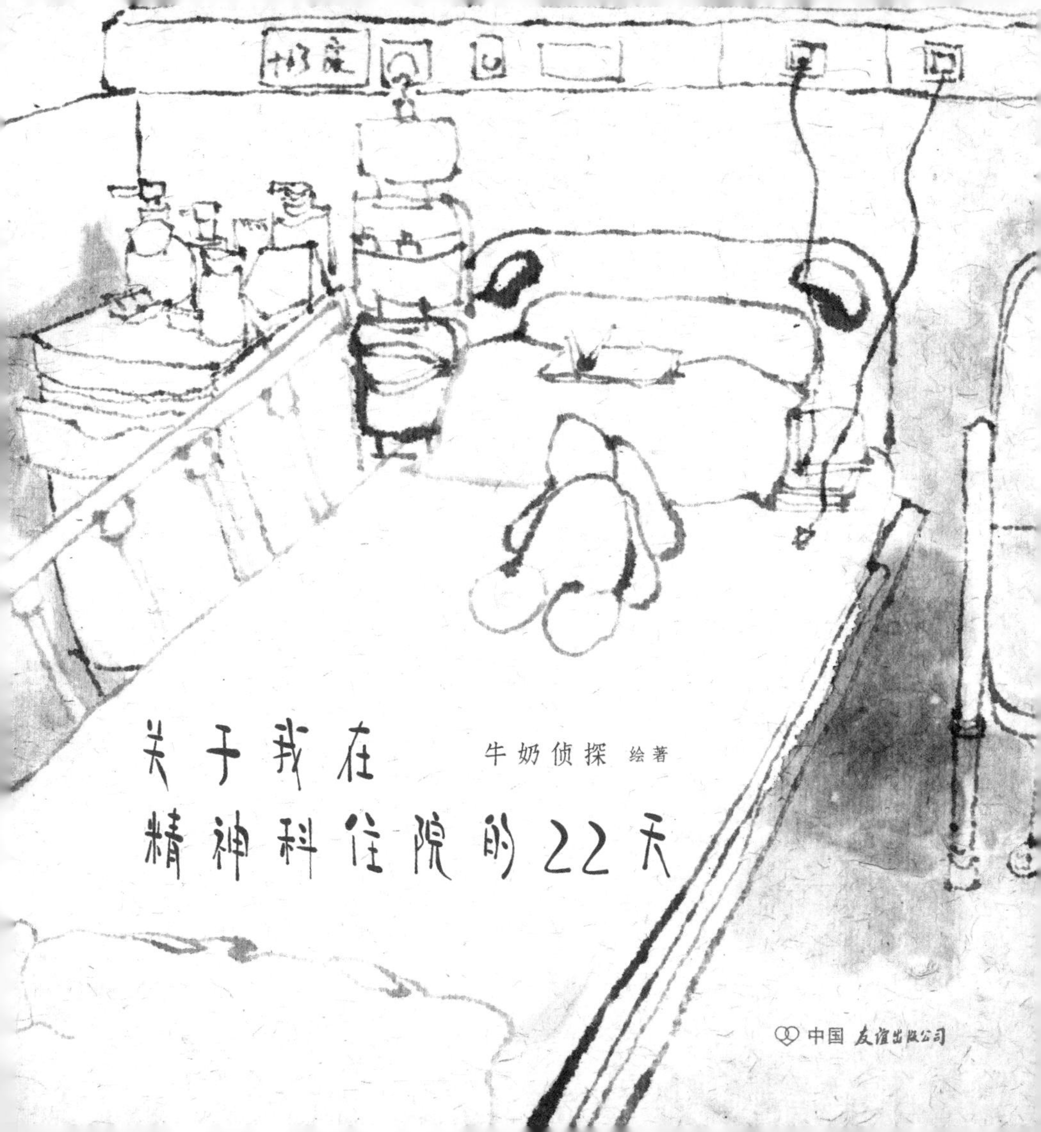

关于我在
精神科住院的22天

牛奶侦探 绘著

中国友谊出版公司

抑郁是体内的种子。

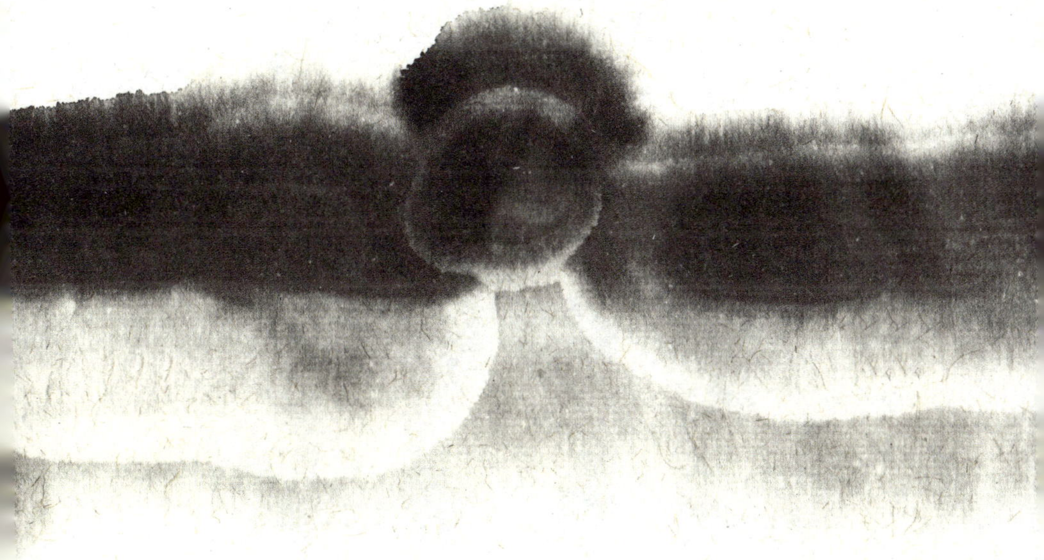

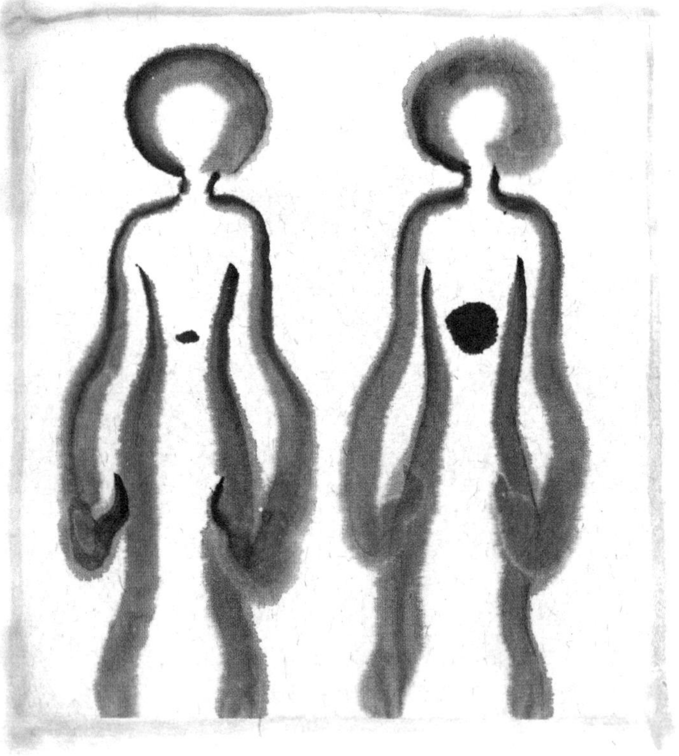

每个人的大小不同。

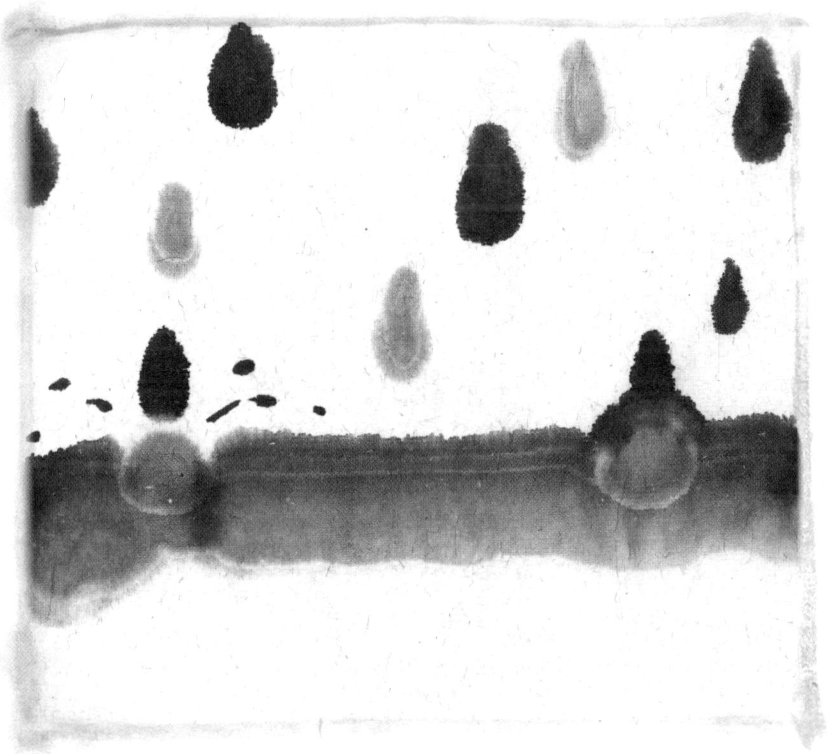

敏感度不同。

有的人被长大的种子占据了身体，

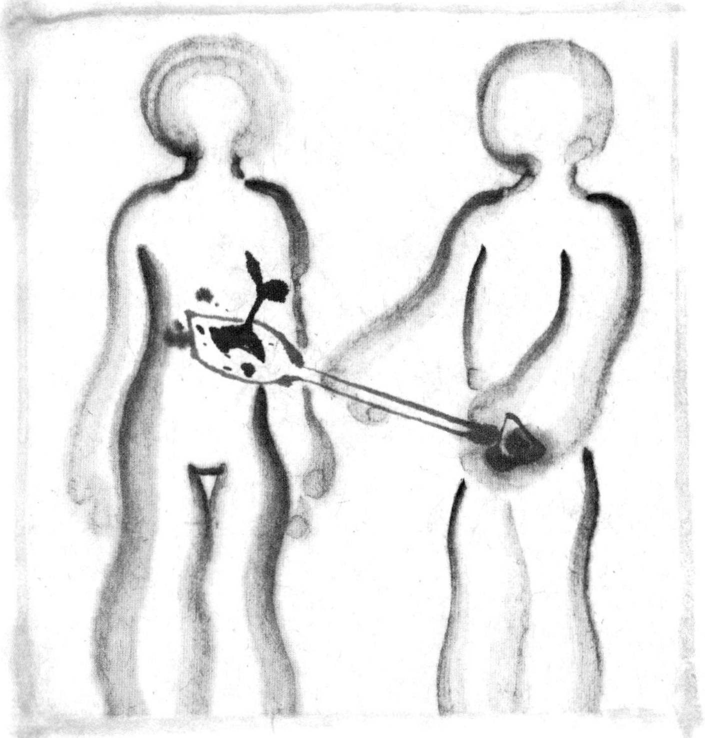

有的人种子在发芽途中被其他人铲走。

有的人为了摆脱控制而自我伤害，

有人回归了虚无。

而我想讲的，
是一个差点被种子吞噬，
又与种子共存的故事。

第九章　新的伤口　一九一
第十章　眼泪　二〇七
第十一章　画下去　二三五
第十二章　再吃一口吧　二五五
第十三章　我讨厌他们　二八五
第十四章　出院　三一五
后来……　三五七

目录

第一章　住院　一
第二章　大机器　三三
第三章　电休克？　四七
第四章　『骗子！』　六七
第五章　呜呜……　八一
第六章　想被偏爱　一一一
第七章　外婆　一五三
第八章　新病人　一六七

第一章

住院

2021 年 9 月，
我因为进食障碍和抑郁症，
终于住进了医院。

医院要求有陪护。其他家人要上班，
于是陪我来的是外婆。

我只告诉她我是来治疗吃不下饭的事。

精神科住院部是全封闭的。

所有药物、尖锐物、玻璃制品，都由护士站保管。

外婆的头痛粉也被收走了。

"我也被当作病人管理了，哈哈哈！"

哈 哈 哈……

哈哈哈哈！

我住的病房有三个床位，病房里的人在笑着聊天。

我默默收拾着行李，大家停下聊天，也默默看着我。

收拾好后，
护士带我到一走廊之隔的医生办公室。

“这是你的住院医生黄医生。”

“请坐，需要了解你的一些情况。”

“年龄？”

“在做什么工作？”

“什么时候诊断出抑郁症的？”

“24。”

“画画。”

“三年前。”

“有过自伤行为吗？”

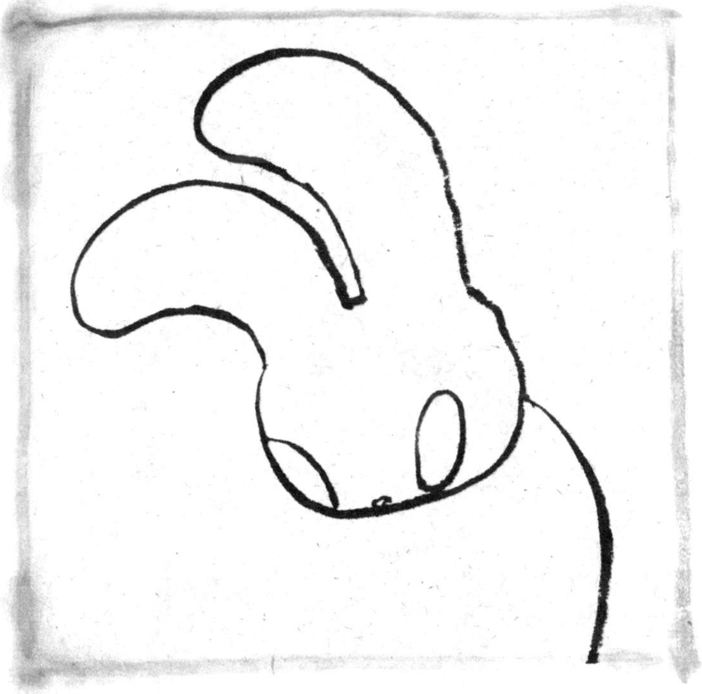

“会好的哈！”

第二章

大机器

晚上，恋人“警察”给我打电话。

“还可以。”

每天早上有医院食堂的人推着餐车来卖早餐，
外婆起得早，会排队去买。

但其实我很饿。

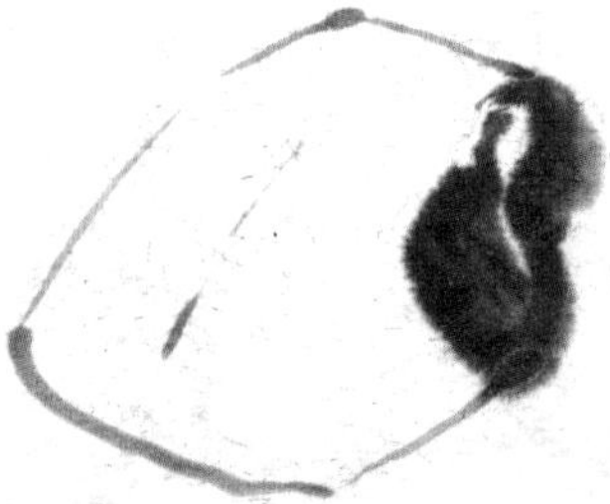

我想吃很多东西，我却不允许自己吃。

吃完饭后是吃药的时间。

护士也推着小车，只是里面全是大家的药。

护士挨个喊名字，盯着你吃完，然后去盯下一个。

每天上午是物理治疗的时间，我排队去签名字。

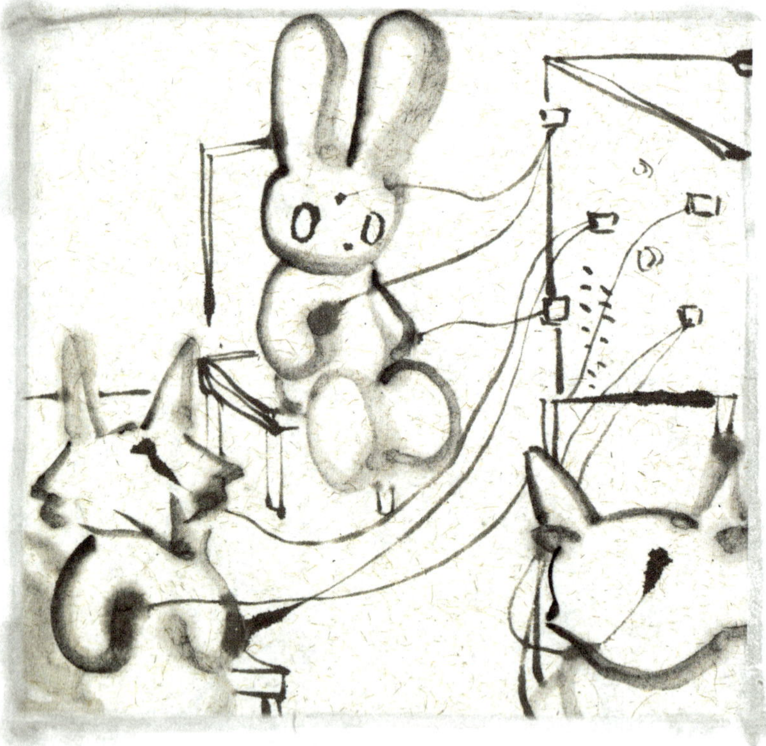

然后贴一些电极片一样的东西在身上，
电线连着一个大机器。

各种大机器。

第三章

电休克？

回到病房，隔壁病床的阿姨打着吊针。
看着像她丈夫的人坐在她旁边。

“今天我要做电休克。”

“电休克？”

“就是全身麻醉后，去做轻微的大脑电击。”

“医生没建议你做吗？”

“我听不了一点噪音。”

晚上，阿姨在病房里讲。

“楼上的任何声音我都能听见，家人却说没有什么声音。
我完全睡不着，听见声音就特别烦躁。”

“儿子说来精神科看看吧，我们就来了。
再做几次电休克，我就要出院了。”

“要出院了，很开心吧！”
外婆也和他们聊着。

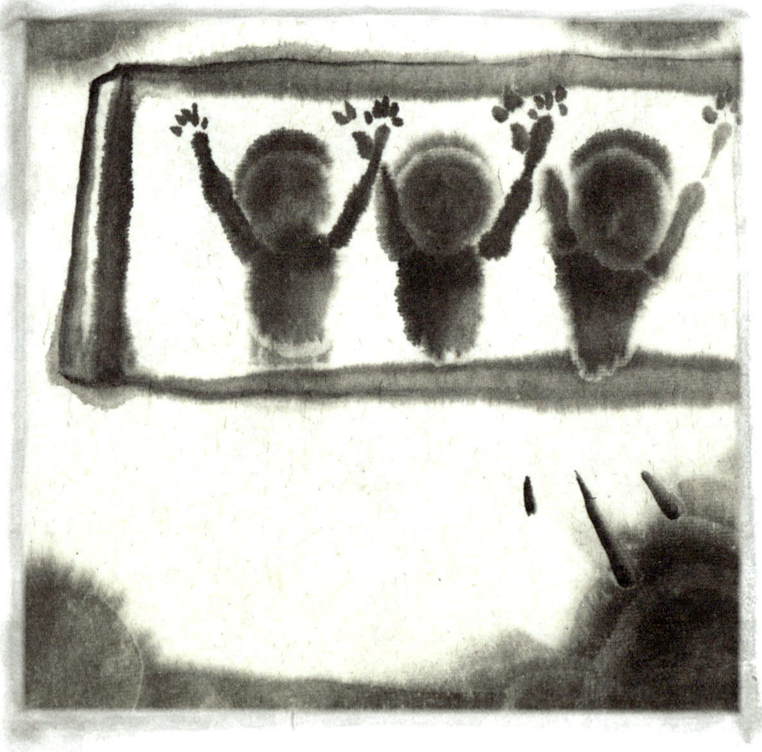

每天有两次做广播操的时间。

但有力气去做操的几乎都是病人家属。

“哎呀，你不做吗？做完神清气爽呀！”

每周五的早上是巡诊的时间，
专家团队会到每个病房检查病人的情况。

我的心理医生也在队伍中。

“+13床有进食障碍和抑郁，做过心理咨询吗？”

“是我在做，
她对自己的一切都是不接受
的。
从外表到内在，
一切都是不接受的。”

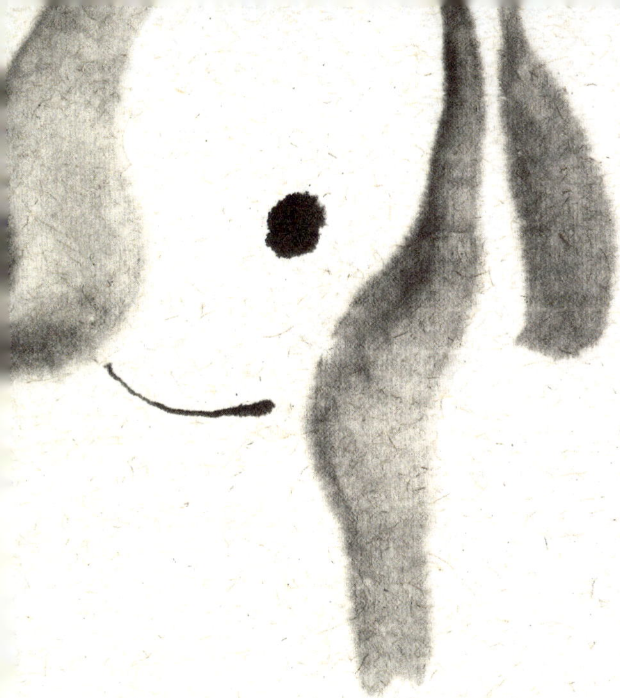

“嗯，

其实进食障碍没有必要做电休克，

因为是认知扭曲，

继续做认知矫正吧。”

病房里的大家看着我。

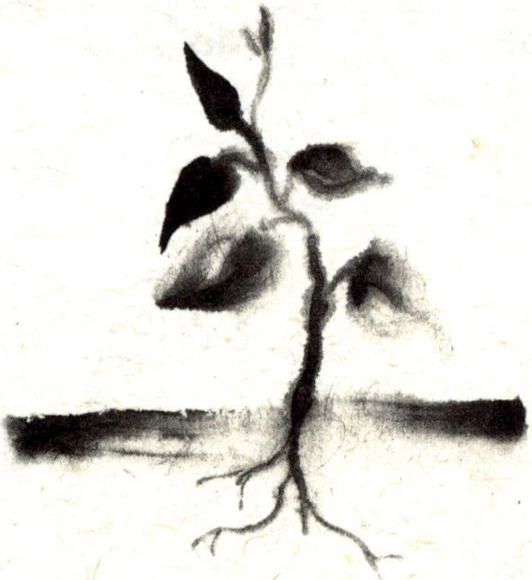

第四章

“骗子！”

今天
怎么样？

还可以
……

医生
怎么说？
有点吵，
我先挂了。

“你们骗我！”

哎哟。
好像是被妈妈骗来的。
说是来看看，结果出不去了吧。
"你说的只是来看看！"

乖，
听话。
你们这些
骗子！

我不要住院！

滚啊！

让我出去！

呜哇啊啊！

打镇静剂去了。
肯定会打镇静剂。

“打镇静剂去了。”

“肯定会打镇静剂。”

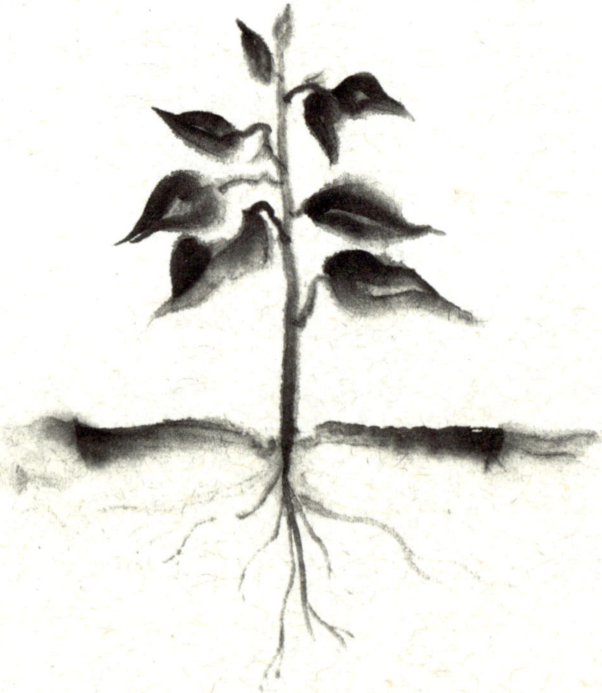

第五章

呜呜……

是昨晚被骗进来的那个……

微笑

今天没事了吗？
我好多了。

这几天吃饭怎么样？

吃得很少啊。
检查一下
电解质吧。

不吃东西的
话容易电解
质紊乱。

蛋白质也会
缺乏，皮肤也
会变差啊！

还是要吃饭。

还是要吃饭。

50.02 KG

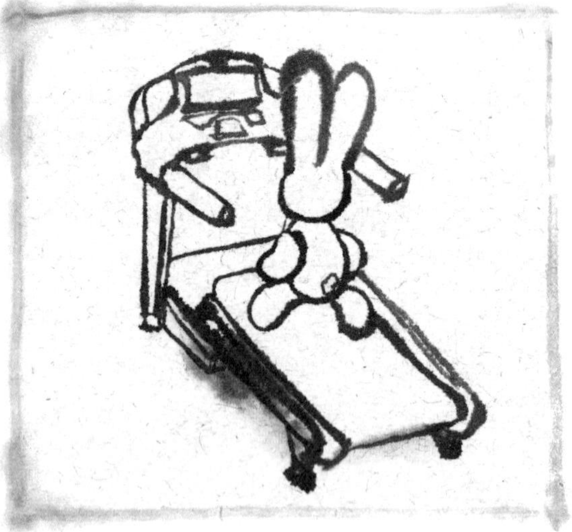

4.5.13

呕

40.20 KG

黄医生
……

嗯，
怎么了？

我实在
……

我实在没法吃……
呜呜……

哎呀哎呀。

呜呜……

第六章

想被偏爱

想获得偏爱。

像那些漂亮的女孩子一样。

想获得偏爱，不想总是不被选择。

一次也好。

爱我吧。

爱我吧。

是因为爱我，才格外关照吧。

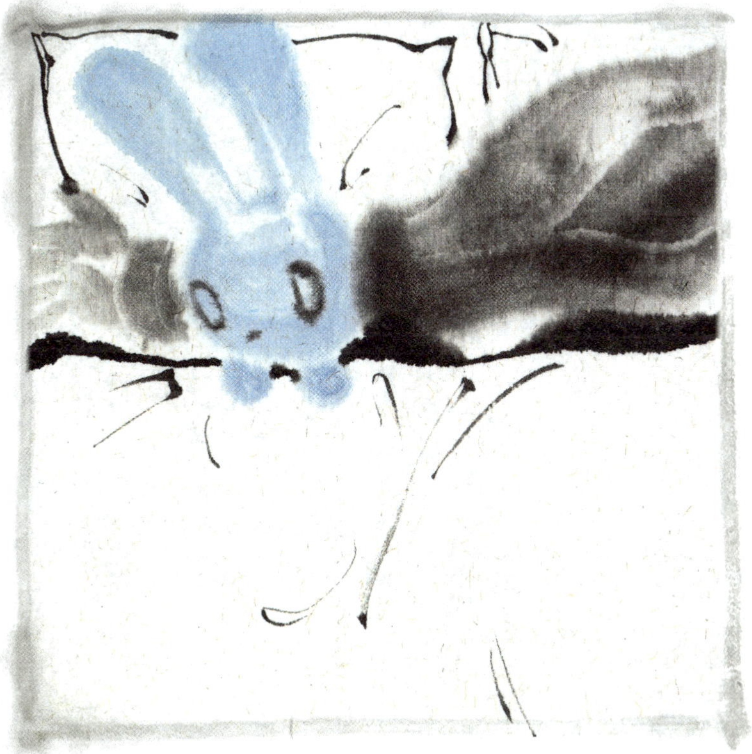

是因为爱我，才和我睡觉吧。

是因为爱我，才对我严厉吧。

但为什么说出这样的话？

为什么
做出这样的事？

吃东西变成了唯一快乐的事。

食物代替爱，填补我。

填补我。

你是不是该减肥了？

我想
减肥

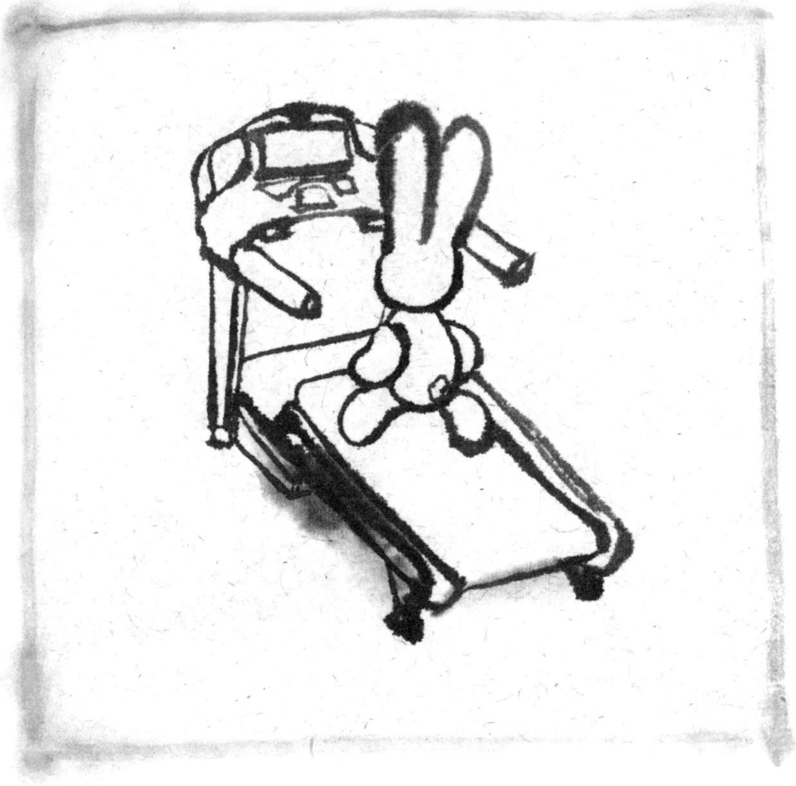

"吃饭吧。"
"我不吃。"

呕

40.20 KG

吐不出来了……

60.20KG

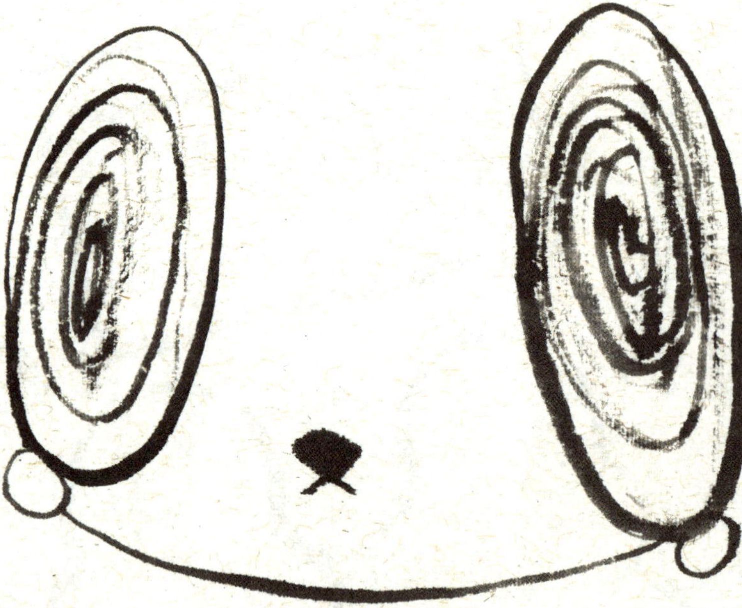

原来我又……

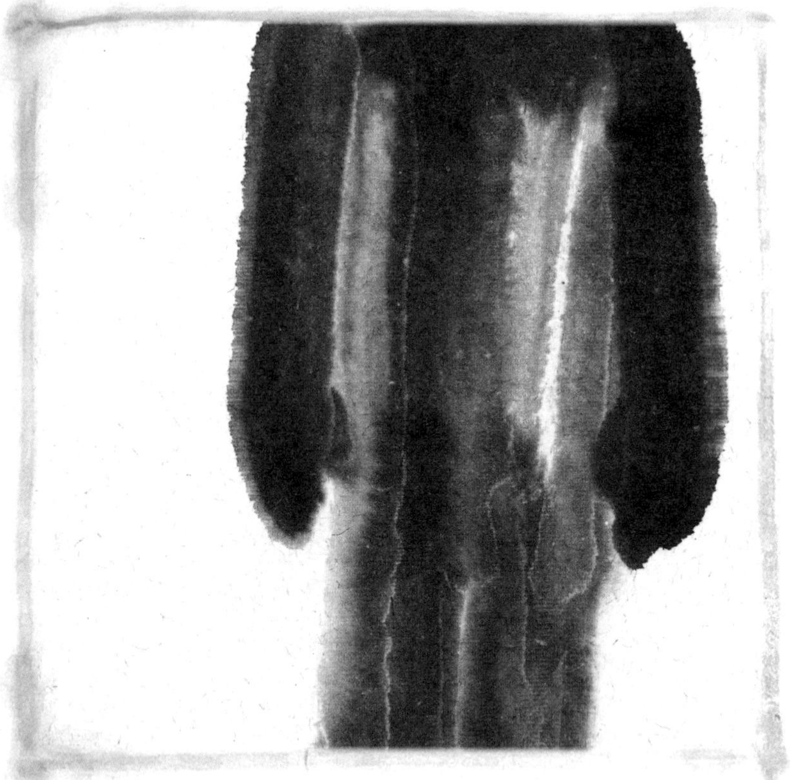

你是不是该
减肥了？

第七章

外婆

你又不吃了？

才吃几口啊，
你看我要吃多少！

你看我，嗷呜。
都能吃完，嗷呜嗷呜。

得意

下一个。

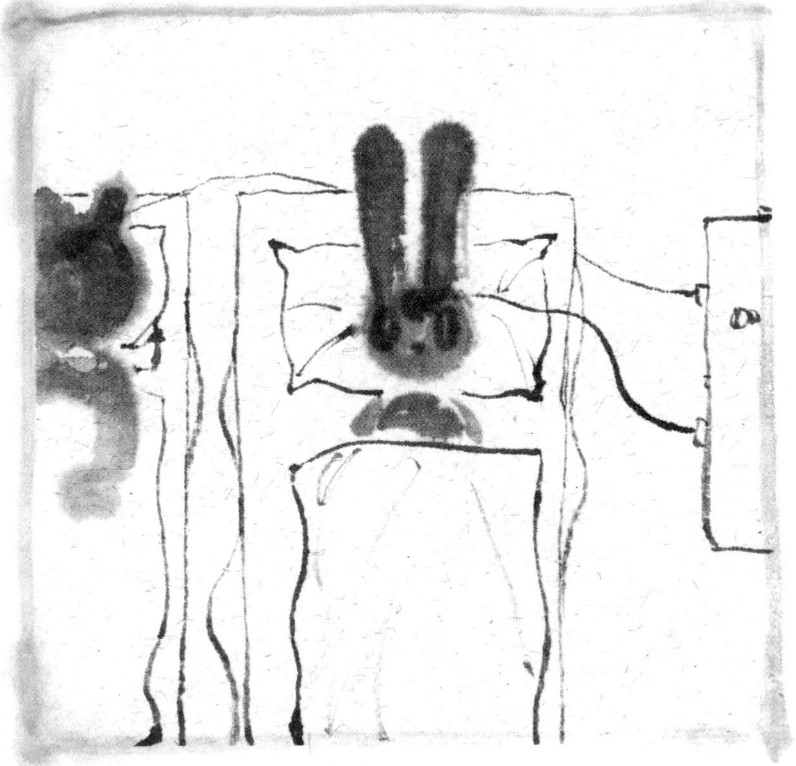

你在干吗？
看这个册子。

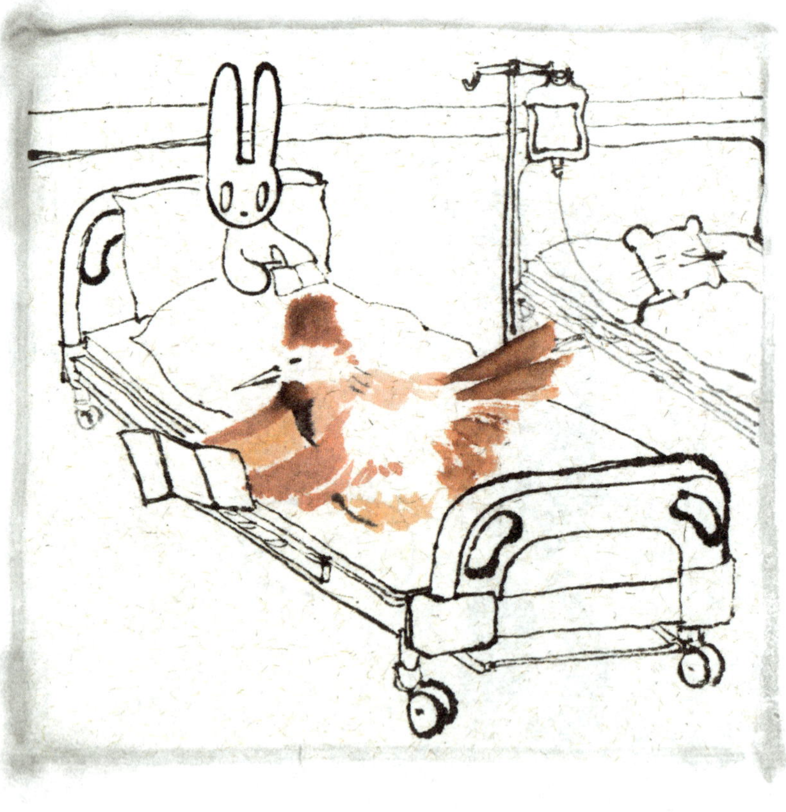

原来这就是
抑郁症啊！

我觉得叶婆婆的
症状就像抑郁症。

我得赶紧告诉她。

第八章

新病人

今天新来了病人。

叽叽喳喳

姐姐你在画画吗？

我叫灿灿。

灿灿你好！

你是她的妈妈？
“可以看吗？
谢谢！”
不是，
我是她小姨。

我去拿点东西。

我想拿我的头痛粉。

好像没有了，
昨天是最后一包。

那我出去买。

这里是
全封闭的。
啊？！

?
那怎么办啊？
啊啊！

哎呀！
怎么办？

头痛粉吗？
我有。

这里要出去很麻烦的，
我分你点吧。

我也头痛，
我知道很难受。

哎呀，太好了！
太谢谢了！

第九章

新的伤口

怎么了，
灿灿？

我朋友说，
她也不想活了。

一定是我平时传递了负能量给她。

都怪我，
她才会这样。

手怎么了？

吃 吃……

没事的，
不是你的错。

不怪你。

灿灿她
……
嗯嗯。

找到了。
是尺子啊。

第十章

眼泪

开饭啦！

你吃太少啦，再多吃点吧。

我吃饱了。

零食
看一下。

“我要一个蛋糕。”
“好的。”

你想吃点什么吗？

咕……

我不饿。

我来称称。

我 110 斤！
哈哈哈！

看看你多重。

瘦了
8斤！

比来时瘦了
8斤！！

8斤！
怎么会瘦这么多啊……

怎么会……

8 斤！
瘦了
8 斤！！

8斤！
你还开心？就让你多吃嘛！

怎么会瘦
这么多啊……

明明我在这儿照顾，
还瘦了这么多……

吖哇……

吵哇……

叽叽……

第十一章

画下去

灿灿。
姐姐。

给你看我画的。
哇！

姐姐，你一定要画下去。

你的作品
可以影响很多人。

哈哈哈！

哈哈哈！

他们是为了逃学装疯进来的。

是吗？
他们自己说的。

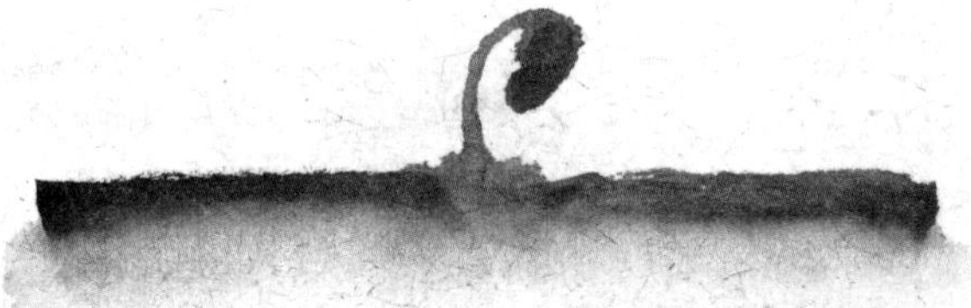

第十二章

再吃一口吧

给你买了个小蛋糕！

小蛋糕的热量起码 200 千卡……

接近一碗米饭……

但是我已经很久没吃了……

香甜的……

要不吃两口，
晚饭就不吃了……

晚饭时间！

热量……

不吃了吧……

但是肚子还很饿。

米饭的热量是……

吃吃……

可是……

再吃一口吧。

嘟——嘟——

喂……
喂……

今天怎么样？
还可以……

那就好，要加油哦！

……

怎么了？

我……

可是我已经尽全力了……
我不知道还要怎么加油……

你怎么啦？

怎么了？怎么躲在这里哭啊？

别哭呀，
好孩子。

走吧，
别哭乖乖。

第十三章

我讨厌他们

啊！
哈哈哈！

哎哟……

怎么了，
外婆？

刚才那几个孩子
突然大喊，吓死我了，
哎哟……

等一下！等等！

请你们不要突然大叫，可以吗？会吓到老人。

走。

是这儿吗？
就是这儿。

就是她？
就是她呀！

听说这床的病人很漂亮，
你觉得她漂亮吗？
没觉得，
就那样。

哈哈哈！
哈哈哈哈！

哈哈哈哈！
哈哈哈！

嘟——
嘟——

嗯。
嗯。

今天怎么样啊？

……
今天……
不好……

怎么了？

有几个男生
笑我不好看……

别哭，
你很漂亮，
别理那些人！

我……

……我
真的漂亮吗？

当然啦。

哈哈，嗯！
我好讨厌他们！

第十四章

出院

差不多
可以出院了！

怎么啦？

我想给你看看
我的住院日记。

好呀！我看看。

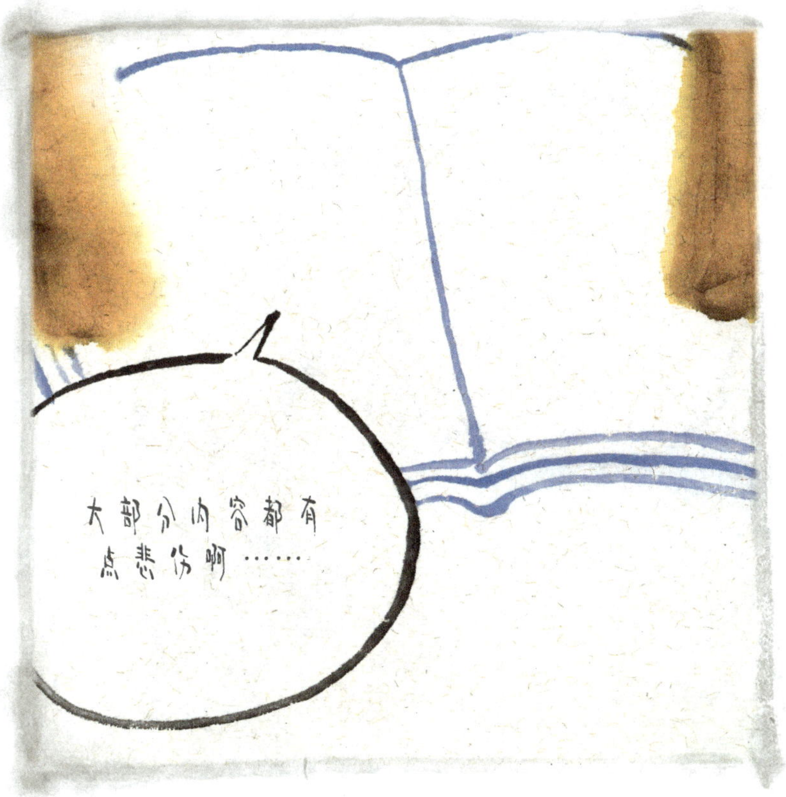
大部分内容都有点悲伤啊……

那几个男生
这么说你啊……

你完全可以骂他们！这是很正常的。

其实你是可以
生气的哦！

嗯。

大家都去做
治疗了吗？

出院啦！

嗯。

这些“危险物品”
可以拿回去了。

要走啦？
是啊。

阿姨，灿灿呢？
她去做治疗了。

好了，
快出来吧。

再见。

后来……

外婆回到了自己在小镇的家，
每天在院子里种菜，
时不时带着新鲜的蔬菜来我家玩。

我在家继续学习、生活，按时复诊。
其实有时也会拖拉，情绪还是有起伏，
但能自己调节了。

男朋友“警察”升级为老公。

叶婆婆在外婆的提议下去了精神科，
确诊抑郁并接受了治疗，
现在已恢复正常生活。

灿灿回到了学校，
上回跟我说她参与了学生会的竞选。

何医生继续为我进行心理咨询，
我们的谈话开始有笑声。

在父亲陪同下住进来的病友少女佳佳，迅速和住院部的青少年打成一片。

速写很好的病友少女小书，
和佳佳一般大，总是温温柔柔的。

说自己要飞起来的老奶奶，
每晚都被关在单独病房。

护士长姐姐看来很端庄、严厉，
其实笑起来温柔、可爱。

其实，

还有很多故事……

后记

开始画这个住院的故事，已经是出院的两年后。

这两年间也有过要画出来的想法，只是可能正值痛的时候是没有力气去做记录的。

我花了六年才决定踏入医院，又花了六年接受系统治疗，直到 2024 年底。这本书记录的住院故事，是我进食障碍的剧烈暴食阶段，几个月内体重涨了将近 40 斤。我没有直接写出自己的很多想法或症状，因为我不想沉浸在任何已经过去的痛苦中。但可能大家还是能看出来，精神疾病往往是相互伴随且不断流动的。抑郁、焦虑、进食障碍、复杂性创伤应激，很多东西是同时或交替出现的。

多年来精神问题的折磨，一度使我非常厌恶自己，也厌恶自己的存在。直到后来我发现，这些问题其实不是为了折磨我而来的，相反是为了保护我。

我的大脑在经历了大量现实生活的危机后，努力动用了一切办法来让我活下去。它如此用力，以至到耗尽一切的程度。

现在在看这本书的你，可能也是一样吧。

也许一切的起因，只是我们在非常用力、非常认真地活着而已。

出院之后，其实我并没有立竿见影地好起来，包括现在也是。多年的疾病其实扎根在很深很深的地方，它来自童年，来自我们“呼吸”过的羊水，来自我们的母亲“呼吸”过的羊水，来自人类的基因，来自从古至今的时代，来自这个荒诞的宇宙。怎么办呢，人生就是这么麻烦。

但现在我已经不着急了。我想先活活看。

图书在版编目（CIP）数据

关于我在精神科住院的22天 / 牛奶侦探绘著.
北京 ： 中国友谊出版公司, 2025. 9. -- ISBN 978-7
-5057-6017-2

Ⅰ. R749. 4-49

中国国家版本馆CIP数据核字第2024DT6469号

书名 关于我在精神科住院的 22 天
作者 牛奶侦探　绘著
出版 中国友谊出版公司
发行 中国友谊出版公司
经销 北京时代华语国际传媒股份有限公司　010-83670231
印刷 北京中科印刷有限公司
规格 980 毫米 × 640 毫米　24 开
16 印张　80 千字
版次 2025 年 9 月第 1 版
印次 2025 年 9 月第 1 次印刷
书号 ISBN 978-7-5057-6017-2
定价 69.80 元
地址 北京市朝阳区西坝河南里 17 号楼
邮编 100028
电话 （010）64678009

《关于我在精神科住院的22天》源自作者牛奶侦探的真实经历。她用独具特色的水墨画风，记录下自己在精神科住院的全过程。

病房里的人都成了动物：自己是兔子，医生是松鼠，外婆则是精神抖擞的母鸡。水墨晕染处仿佛泪水蔓延，纤细氤氲的画面带给我们脆弱而温暖的感受。

有脆弱的时刻，有忧郁的种子，也有很多很多柔软的爱。

这是个看完一遍，还会忍不住再看再看的故事。第一遍你揪着心，第二遍你会在水墨氤氲中发现许多新线索：蹲在床上的鸡外婆，门后面的灿灿……找到那些你最初没有发现的温暖。耷拉着耳朵的兔兔，以吸引彗星的巨力，用画笔吸附住碎裂的心，整理尘埃般的往事治愈他人。这便是艺术的魔力。

——张春

水墨的渲染，让故事的情境有种梦境感。一个抑郁症患者的住院记录，像一个人在真实的世界里，失了序、踩了空，来到一个梦魇中。与其拼命挣扎，让自己醒转，不如看看病房里的其他病人，看看陪护的亲人，也看看自己那颗心的来路。在渐渐分明的场景中，重新与世界恢复联系。书的结尾，色彩回来了，作者也回来了。

——黎戈

图书策划_ 刘平　丁旭　　责任编辑_ 郎琪杰　　营销编辑_ 卢琛
装帧设计_ 所以设计馆　　特别鸣谢_ 裴雷思　　技术支持_ 刘伟锋　凌志锋